BELGIUM AND NETHERLANDS

绕着地球跑一圈 第四辑
欧洲之旅

比利时与荷兰

稚子文化 / 编绘

化学工业出版社
·北京·

编写人员名单：

张耀明　冯允亮　杨立艳　田晓梅　殷鹏飞　牛庆贺　丽　娜　马玉玲　王　虹　王　丹
刘　亭　马宏艳　张晓光　马春艳　邱　影　路　颖　马健桐　韩晓艳　李　娜

图书在版编目（CIP）数据

绕着地球跑一圈. 第四辑，欧洲之旅. 比利时与荷兰 / 稚子文化编绘. —北京：化学工业出版社，2018.4（2022.7重印）
ISBN 978-7-122-31598-4

Ⅰ.①绕… Ⅱ.①稚… Ⅲ.①比利时-概况-少儿读物②荷兰-概况-少儿读物　Ⅳ.①K91-49

中国版本图书馆CIP数据核字（2018）第038214号

审图号：GS（2018）2868号

绕着地球跑一圈（第四辑）
欧洲之旅·比利时与荷兰

责任编辑：刘莉珺　　　　　　　　　　　　装帧设计：稚子文化

出版发行：化学工业出版社（北京市东城区青年湖南街13号　邮政编码100011）
印　　装：天津图文方嘉印刷有限公司
889mm×1194mm　1/16　印张2½　插页1　2022年7月北京第1版第2次印刷

购书咨询：010-64518888　　售后服务：010-64518899
网　　址：http://www.cip.com.cn
凡购买本书，如有缺损质量问题，本社销售中心负责调换。

定　　价：19.80元　　　　　　　　　　　　　　　　　　　版权所有　违者必究

前言 Preface

嘿！你知道吗？地理是我们知识结构中不可或缺的一门重要学科，了解地理知识可以开阔我们的视野，将地球上的风景尽收眼底，领略它的瑰丽与神奇。乘着梦想的翅膀，在书中遨游世界，那一定是最激动人心的事！你准备好了吗？让我们开始畅游欧洲吧！

你见过由风车组成的村子吗？你穿过由木头制作的鞋子吗？你体验过购买汽车轮子大小般的奶酪吗？你品尝过美味的比利时巧克力吗？你知道世界上还有另一个圣诞老人，与我们熟知的形象完全不一样吗？

没错，即将开始介绍的就是比利时与荷兰。在满是芬芳与闲适的这两个国家里，你所好奇的一切都能找到答案。

Running Around the World
绕着地球跑一圈 欧洲之旅

比利时概貌

在虞美人盛开的国度，居住着聪明活泼的蓝精灵；在秋海棠盛开的街道上，有勇于探险的记者丁丁……是的，这里是比利时，它简直就是一座中世纪的童话城堡。现在就让我们一起走进它了解它吧！

小知识

虞美人是战死在佛兰德斯大地上的士兵们的象征。在纪念第一次世界大战爆发的仪式上，欧盟领导人都会手持或佩戴虞美人，以缅怀和纪念在战争中牺牲的军人和平民。

- 首都：布鲁塞尔
- 语言：荷兰语、法语、德语
- 人口：1132万人（2018年2月）
- 面积：30528平方千米（不含海外区域）

🇧🇪 国旗

🇧🇪 国歌

《布拉班人之歌》是比利时的国歌。

🇧🇪 丁丁艺术品

这位穿着唐装的外国人就是丁丁。如果来比利时玩，一定不要错过栩栩如生的丁丁艺术品哟！

🇧🇪 国鸟

红隼擅于飞行，它在空中捕捉一些昆虫或其他小动物吃。

小朋友，你知道哪一种花象征着战时阵亡士兵吗？

🇧🇪 虞美人

虞美人像火焰一般在风里跳跃着，它就是比利时的国花。

Running Around the World
绕着地球跑一圈 欧洲之旅

旅游胜地

虽然比利时国土面积不大，但旅游胜地却遍布全国。有举世闻名的滑铁卢古战场；欧洲最美丽的城市布鲁日，还有宽阔的海滩和古老的城堡，这里每年都会吸引上百万的游人，享受着比利时非同寻常的美。

🇧🇪 滑铁卢古战场

滑铁卢镇看起来与其他欧洲小镇并没有什么不同，但它的名字却响当当，因为这里是横扫欧洲大陆的拿破仑率法军与英国和普鲁士联军激战并惨败的地方。

🇧🇪 原子塔

原子塔是布鲁塞尔世博会的标志性建筑，号称"比利时的埃菲尔铁塔"。

"小欧洲"公园

"小欧洲"公园内的景物是真实景物的1/25,其中绝大部分景物都比人矮,就像走进了小人国一般。

小知识

布拉博喷泉边的地面是微微的斜坡,当泉水落到倾斜的地面上,会自动流进水池,是不是很有趣呢?

滑铁卢战场是哪位人物惨败的地方?

★ 拿破仑   ★ 威灵顿   ★ 丘吉尔

布鲁日历史中心

布鲁日历史中心是中世纪古城,保存了大量历史久远的建筑。身处古城中,有没有穿越到几百年以前的错觉呢?

布拉博喷泉

布拉博喷泉是安特卫普的标志,独特的雕塑会把人们带进汗德-沃盆的神话中。

(注:"汗德"意为手,"沃盆"意为扔)

Running Around the World
绕着地球跑一圈 欧洲之旅

宏伟建筑

在比利时，我们可以看到巴洛克式的古建筑倒映在水中，也可以乘坐马车欣赏欧洲古街。你是不是想踩在青石铺成的小路上，将眼前的美景深深地印在脑海中呢？

🇧🇪 伯爵城堡

这座 12 世纪的伯爵城堡历经风吹雨打，依然气势不减。想象一下，身骑白马的骑士从城堡大门走出，一定威风极了！

🇧🇪 安特卫普中央车站

在安特卫普中央车站乘车，就好像要跨越到另一个时空。看着行人脚步匆匆，明媚的阳光从玻璃顶部洒落下来，温暖着整个世界。

图尔奈的圣玛利亚大教堂

图尔奈的圣玛利亚大教堂袖廊之巅建有五座钟楼，好像为教堂戴上了一顶皇冠。

蒙斯钟楼

蒙斯钟楼顶上有49座钟，其中最大的一座钟重5吨！

布容城堡

布容城堡的历史可以追溯到罗马帝国时期，这里最出名的看点就是城堡独特的防卫系统。

下面哪座钟楼楼顶的钟数量最多？请把它圈出来吧！

★ 布鲁日钟楼

★ 蒙斯钟楼

小知识

布鲁日钟楼被誉为比利时最精美的建筑，由47个钟组成的编钟每15分钟就会响一次。据说，当年拿破仑兵临城下，这47座大钟同时响起，竟盖过了法军的隆隆炮声。

布鲁日钟楼

如果想爬上钟楼顶端，没有好体力是不行的哟！只要爬过366级狭窄陡峭的阶梯就可以尽情饱览布鲁日城的美景啦！

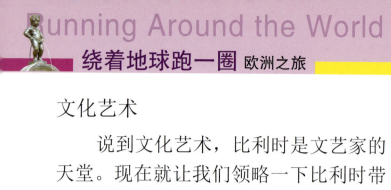

绕着地球跑一圈 欧洲之旅

文化艺术

说到文化艺术，比利时是文艺家的天堂。现在就让我们领略一下比利时带给世界的奇妙旅程吧！

🇧🇪 沙雕节

比利时沙雕节的每个作品都栩栩如生，让人过足眼瘾。

🇧🇪 鲜花地毯

布鲁塞尔大广场上的鲜花地毯极为绚丽。没错，这张地毯全部是由姹紫嫣红的花朵拼成的哟！

🇧🇪 涂鸦

形象生动、色彩鲜艳的涂鸦为城市增添了活力，还能唤起人们对童年的美好回忆。

如果想要继承比利时国王的位置，就必须要拥有鲁汶大学的硕士学位呢！

🇧🇪 鲁汶大学

鲁汶大学是世界著名大学之一，拥有悠久的历史和美丽的校园环境，还有令人惊奇的啤酒"校饮"习俗。

🇧🇪 阿道夫·萨克斯

阿道夫·萨克斯是世界上第一位发明萨克斯管的人。

🇧🇪 勃鲁盖尔

勃鲁盖尔是一位以自己的喜好而作画的风景画家，《尼德兰箴言》是他的代表作品。

🇧🇪 布鲁塞尔第一公民

这个头发蓬松、光着身子的小男孩挽救了城市和百姓。人们为了纪念他，铸了他的铜像，他就是布鲁塞尔第一公民——于廉。

绕着地球跑一圈 欧洲之旅

美食特产

比利时是美食王国,薯条和巧克力是最不能错过的。比利时人喜欢鲜嫩、酸甜可口的食物。人们在用餐之前会先喝一点开胃酒,然后用葡萄酒佐餐。

🇧🇪 巧克力

比利时巧克力有几百种,口味多样,杏仁巧克力是比较受欢迎的口味。

🇧🇪 月桂焦糖饼干

月桂焦糖饼干是为圣诞盛宴制作的,在比利时人心中有非常高的地位。

🇧🇪 贻贝

吃贻贝的时候可以先吃掉一枚贻贝肉,再用贻贝壳充当夹子,把其他贻贝肉夹出来吃掉,想想是不是都觉得很过瘾呢?

🇧🇪 薯条

比利时薯条制作方法很讲究,吃起来外脆里嫩。如果你也喜欢吃薯条,一定要试试看哟!

🇧🇪 香甜土豆泥

在融合了胡萝卜和西洋蒜的味道下,香甜土豆泥可以说是最美味的土豆。

🇧🇪 华夫饼

比利时人在吃华夫饼的时候喜欢搭配奶油、草莓、巧克力等。人们根据自己的喜好进行搭配,既营养又美味。

🇧🇪 牛排

牛排是西餐最常见的食物之一,肉香扑鼻,真想尝一口!

🇧🇪 啤酒

品尝比利时的啤酒,一定会惊艳你的味觉。最为特别的是,这里还有泛着淡淡水果味的啤酒哟!

> **小知识**
>
> 比利时啤酒的种类令人眼花缭乱,其中以深粉象和浅粉象最为出名。它们不仅口味绝佳,包装纸上那粉粉嫩嫩的大象也是它们颇受青睐的原因。

🇧🇪 钻石

全世界一半的钻石都是在安特卫普城加工制作的。对闪闪发亮的钻石谁能不动心呢?

Running Around the World
绕着地球跑一圈 欧洲之旅

风土人情

比利时是一个精致的国家，每个城市都有自己的特色。行走在比利时的街道上，形象生动的涂鸦点缀着街道旁的建筑。乐观的人们盛装打扮，共同庆祝节日，欢乐的气氛感染着每一个人。

班什狂欢节

抛橘子是狂欢节的高潮部分，身着各种奇装异服的小丑们手中拿着篮子，将橘子扔到人群中，据说接到橘子的人会好事不断。

真诚待人

比利时人真诚、重感情，很适合交朋友哟！

食品银行

比利时各省都有一个食品银行，专为穷人提供免费的食物。食物绝大部分是社会各界捐赠的哟！

用餐礼仪

人们在用餐前会在膝上放一块餐巾，然后左手拿刀，右手拿叉，将食物一块块切下，再细细品味。饭后应将餐具摆放好，不然会被认为没礼貌。

抛猫节

抛猫节并不是抛真的猫咪，而是扔下一个猫玩具。据说接到它的人会有好运哟！

你知道下面小丑扮演的是谁吗？

★ 于廉

★ 吉尔

★ 拿破仑

小知识

"吉尔"是班什狂欢节的"象征与灵魂"。狂欢节期间，"吉尔"身穿华丽的服装，头戴怪诞的面具和昂贵的鸵鸟毛帽子。神秘的"吉尔"在班什人心中拥有近乎"神圣"的地位。

骑马捕虾

你听说过骑着马下海捕虾吗？在比利时就有这样的传统，看着马儿在沿海浅滩徐徐行走，它们一定又帮渔民们收获了很多北海灰虾和鱼蟹吧。

Running Around the World
绕着地球跑一圈 欧洲之旅

名人汇

比利时的名人有很多，无论是在演艺界、体育界，还是在文学界，都有很多出色的人物，他们把毕生精力都奉献给了自己的事业。现在，请跟随我的脚步，一起去看看吧！

出生于比利时的奥黛丽·赫本

《罗马假日》是奥黛丽·赫本的成名作，现实中的赫本不仅有惊为天人的美貌，她那发自内心的善良也同样令人敬佩不已。

勒梅特

乔治·勒梅特首次提出宇宙大爆炸理论。

🇧🇪 朱勒·博尔德

朱勒·博尔德是1919年诺贝尔生理学或医学奖获得者。

🇧🇪 维尔哈伦

维尔哈伦是比利时著名诗人、剧作家。代表作有《妄想的农村》《黎明》和《修道院》等。

🇧🇪 维萨留斯

维萨留斯是解剖学的奠基人，他与哥白尼齐名，是近代科学的开拓者，被后人称为"解剖学之父"。

🇧🇪 海尔蒙特

海尔蒙特是比利时的生物学家和化学家。他做过一个很出名的实验，就是柳树实验。

🌺 请把下面的人物与相关的职业连起来吧！

奥黛丽·赫本 ★　　★ 诗人，剧作家
维尔哈伦　　 ★　　★ 生物学家，化学家
贾斯汀·海宁 ★　　★ 演员
海尔蒙特　　 ★　　★ 网球运动员

🇧🇪 贾斯汀·海宁

贾斯汀·海宁曾43次夺得女子网球单打冠军。在法国网球公开赛这片红土上被誉为"红土女皇"。

🇧🇪 梅特林克

梅特林克被誉为"比利时的莎士比亚"。他是诺贝尔文学奖获得者，代表作《青鸟》是一部梦幻剧。

 小知识　柳树实验

海尔蒙特把一棵重2.5kg的柳树苗栽到一个木桶里。之后，他每天用水浇树苗。五年后，柳树重了许多，而土壤却只少了一点点。由此他认为植株增加的物质全部来自于水，否定了亚里士多德关于植物营养只来源于土壤的观点。

Running Around the World
绕着地球跑一圈 欧洲之旅

动物与植物

比利时不仅是人们生活的天堂，也是动物的乐园。在这里生存着多种动物，有了这些灵动的小家伙，比利时才更显得活力四射。

西欧刺猬

西欧刺猬遇到危险的时候，会将身体缩成团，看上去就像一个刺球，等到危险过去后，它才慢慢伸出四肢和头。

比利时马

游隼（sǔn）

松貂

比利时特弗伦

黑尾塍鹬（chéngyù）

穴兔

🇧🇪 布鲁塞尔粗毛猎犬

布鲁塞尔粗毛猎犬的面孔与人的面貌很像，长长的睫毛，大大的黑眼睛，短短的鼻子，这一切组合在一起，就是惹人喜爱的布鲁塞尔粗毛猎犬啦！

🇧🇪 抱子甘蓝

抱子甘蓝最早在比利时境内培育。它的小叶中的球蛋白质和维生素C的含量很高，营养十分丰富哟！

🇧🇪 马铃薯

马铃薯就是我们经常吃的土豆，我们食用的是它的块茎部分。比利时人的餐桌上少不了马铃薯制成的食物。

🇧🇪 比利时蓝牛

看呀！比利时蓝牛满身肌肉，像不像一个健身教练？

小知识

比利时蓝牛之所以这么健壮，是因为它的身体中缺少"肌肉生长抑制素"的蛋白质，这种蛋白质是调节肌肉生长的激素。

🇧🇪 甜菜

甜菜在比利时也有种植。我们都知道甘蔗是糖的主要来源之一，甜菜也是糖的主要来源。

Running Around the World
绕着地球跑一圈 欧洲之旅

漫画王国

称比利时为"漫画王国"一点也不夸张。这里的漫画影响了一代又一代人。在比利时最大的城市——布鲁塞尔，常常能看到城墙上的漫画，可见这座城市的内在多有童趣。你是不是已经迫不及待想去看看这些漫画人物了呢？

🇧🇪 漫画博物馆

漫画博物馆陈列了比利时最著名的卡通人物丁丁、蓝精灵的模型，还有其他670多位漫画家的作品。

🇧🇪 幸运的卢克

莫里斯是比利时传奇漫画家，也被誉为"卢克之父"。故事中的卢克是出名的快枪手，即便是他自己的影子也快不过他。

🇧🇪 斯皮鲁

弗朗甘是斯皮鲁漫画的标志性作家。他创造了许多经典的角色，比如长尾豹、蘑菇伯爵、赛柯婷，别忘了还有反面角色佐格和方大炯的表兄张大飞呢！

🇧🇪 蓝精灵

比利时漫画家皮埃尔·库利福德创造了"蓝精灵"这个艺术形象，不知是多少人的童年记忆。

🇧🇪 埃尔热

比利时漫画家埃尔热被誉为"近代欧洲漫画之父"。他创造出了世界上最知名的漫画形象之一——丁丁。

小朋友，你知道《丁丁历险记》是谁的作品吗？

★ 梅特林克

★ 埃尔热

★ 乔治·勒梅特

小知识

世界上，每三个漫画家中就有一个是比利时人。无论是以连环画人物装饰的建筑物、地铁站，还是坐落在市中心的漫画博物馆，都让人感觉布鲁塞尔就像一座漫画中的城市。

🇧🇪 漫画墙

走在比利时的街头，随处可见的漫画墙，甚至连街道也冠上了漫画人物的名字，这里简直就是一座中世纪的童话城堡！

Running Around the World
绕着地球跑一圈 欧洲之旅

荷兰概貌

荷兰是世界著名的"低地之国"，这里有古老的风车、遍地的郁金香，还有浓郁的奶酪和神奇的木鞋。无论在城市或渔村里，随处都能见到身着传统服饰的年长者与穿着新潮服饰的年轻人来往交谈的奇特景象。现在就让我们一起走进荷兰吧！

🇳🇱 世界最大的风车群

小孩堤坝（Kinderdijk，金德代克）的农田中有19个历史悠久的风车，形成了当今世界最大的风车群。

🇳🇱 国花

高雅的郁金香被誉为"世界花后"，也当之无愧地成为荷兰国花。

- 首都：阿姆斯特丹
- 语言：荷兰语
- 人口：1720万人（荷兰统计局，2017年）
- 面积：41528万平方千米

🇳🇱 国旗

🇳🇱 国歌

荷兰国歌是《威廉颂》，这也是世界上第一首国歌。

> **小知识**
> 琵鹭飞翔时两翅鼓动较快，平均每分钟能达到186次左右。它既能鼓翼飞翔，也能利用热气流进行滑翔，是不是很厉害呢？

🇳🇱 国鸟

琵鹭的嘴巴长得很像琵琶，这就是它名字的由来。

绕着地球跑一圈 欧洲之旅

自然景观

荷兰是郁金香王国，花田如彩带般装饰着大地。凡·高国家公园的宁静、库肯霍夫公园的美景、风车村的浪漫，每一处景色都美得恰到好处。

🇳🇱 羊角村

水面上倒映着木制小屋的倒影，优美的景色就像画卷里的梦幻水乡，也有人称之为"荷兰威尼斯"。

凡·高国家森林公园

凡·高国家森林公园被称为荷兰的绿色瑰宝,快和我们一起骑自行车畅游全荷兰最美的自然景观吧!

圣彼得堡洞窟

看这黑黝黝的洞穴是不是很恐怖?这里是圣彼得堡洞窟,洞内真的是一点光亮都没有啊!

花田

骑着自行车置身花田中,淡淡的花香扑面而来。浓烈的色彩装扮着大地,如同一条条彩带铺展在大地上。

下面哪个地方被称为"荷兰威尼斯"呢?

- 沃伦丹
- 荷兰民俗村
- 羊角村
- 小孩堤坝风车群

库肯霍夫公园

库肯霍夫公园是每年花卉游行的必经之路。每年3月初至6月,600多万株鲜花会在这里竞相绽放。

小知识:参观圣彼得堡洞窟时一定要有导游陪同,不然很有可能走不出去呢!

绕着地球跑一圈 欧洲之旅

宏伟建筑

荷兰景色秀丽，它的建筑艺术又是独树一帜，且艺术水平一直位居欧洲前列，现在就跟我一起去看看这些著名建筑吧！

小知识：立体方块屋就像是一棵抽象的树，这样的房子聚在一起，更像是一片原始森林，所以，立体方块屋也因此得名为"树屋"哟！

🇳🇱 立体方块屋

立体方块屋像不像一个巨大的魔方？它相互倾斜排列，独特的外形无疑是鹿特丹的经典地标建筑。

🇳🇱 国会大厦与骑士厅

海牙国会大厦有气势恢宏的"内阁",它的中央是美丽的骑士厅,这里有精致的室内装饰和各省旗帜。

🇳🇱 泪水塔

之所以命名"泪水塔",是因为不管送行者还是远航的人,都会在这里流下不舍的眼泪。

🇳🇱 荷兰皇家音乐厅

荷兰皇家音乐厅是世界上演出最频繁的音乐厅之一。真希望能来这里听一场音乐盛宴!

🇳🇱 和平宫

这座宫殿叫和平宫,是国际法之都,具有解决争端和维持世界和平的重要意义。

🇳🇱 穆登城堡

美丽的护城河环绕着穆登城堡,环城的高墙上还可以行走呢!

绕着地球跑一圈 欧洲之旅

文化艺术

优美的自然风景使荷兰成为著名的旅游胜地,这里也有着悠久的历史和优秀的文化艺术。现在就让我们一起感受一下这里浓厚的艺术气息吧!

凡·高

凡·高是荷兰的后印象派画家,代表画作《星月夜》、《向日葵》和《麦田上的乌鸦》。

《麦田上的乌鸦》

《向日葵》

《星月夜》

🇳🇱 米菲

米菲是荷兰画家迪克·布鲁纳创作的经典动画人物。这只小兔子天真、无邪、乐观,永远愿意接受新事物。

下面哪幅不是凡·高的作品?请圈出来吧!

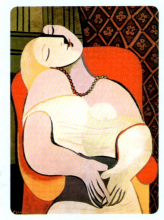
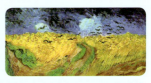

🇳🇱 莱顿大学

莱顿大学是最具声望的欧洲大学之一,它是荷兰历史最悠久的高等学府。

🇳🇱 音乐厅管弦乐团

阿姆斯特丹皇家音乐厅管弦乐团是令无数爱乐者向往的"古董乐团"。

小知识

莱顿大学培养了笛卡儿、伦勃朗、斯宾诺莎等科学、文艺巨匠;还有16位诺贝尔奖得主——洛伦兹、爱因斯坦、费米等;以及9位国家元首。他们都在莱顿大学留下了足迹。

🇳🇱 伦勃朗

伦勃朗的绘画成就,丝毫不逊色于文艺复兴时的画家。他在一生中留下了相当多的艺术作品。

🇳🇱 斯宾诺莎

斯宾诺莎是西方近代哲学史重要的理性主义者,与笛卡尔和莱布尼茨齐名。

Running Around the World
绕着地球跑一圈 欧洲之旅

美食特产

品质优良的肉类鲜奶，海产丰富的新鲜鱼虾……凭着优越的地理环境，荷兰一年到头物产丰富，而且烹调的手法变化多样，口味独特，令人赞不绝口。在荷兰有许多餐馆供你选择，让你尽情地享受美食带来的愉悦。

🇳🇱 生吃鲱鱼

生吃鲱鱼是荷兰人最喜爱的吃法。直接搭配洋葱生吃，其美味程度不输于任何佳肴。

小知识

生吃鲱鱼时，仅需用拇指和食指捏住鱼尾巴，把鱼倒提起来，将整条鱼塞入嘴中，便是最纯正的荷兰吃法。

🇳🇱 国菜

国菜大绘菜主要由胡萝卜、土豆和洋葱混合烹调而成。据说这是为了纪念荷兰难忘的历史，所以才被誉为国菜。

🇳🇱 荷兰煎饼

荷兰煎饼有点类似中国的葱油饼，吃煎饼前在煎饼上加枫糖浆、蜂蜜、巧克力酱或细糖粉，然后用刀叉或者直接用手指撕来吃。

荷兰人吃鲱鱼的时候，喜欢用哪种蘸料呢？

★ 糖浆　　★ 洋葱　　★ 蛋黄沙拉酱

🇳🇱 小松饼

小松饼加上巧克力酱再撒上霜糖，甜甜的味道，心情也会变好哟！

🇳🇱 代尔夫特瓷器

荷兰皇家代尔夫特瓷器就像是中国景德镇的瓷器一样出名，它的风格源于中国青花瓷。荷兰皇家代尔夫特蓝瓷工厂是目前仅存的17世纪代尔夫特瓷器工厂。

🇳🇱 炸薯条

荷兰的炸薯条比一般快餐店的薯条都要粗。搭配蛋黄酱吃薯条真是别有一番风味。

🇳🇱 甘草(Dorp)糖

甘草糖是荷兰人酷爱的一种糖果，以黑色或黑褐色最常见，喜欢吃的人对它爱不释手，不喜欢的人则避之不及。

Running Around the World
绕着地球跑一圈 欧洲之旅

风土人情

荷兰人热情宽容，待人礼貌，工作之余喜欢在家研究厨艺，或者骑自行车郊游。这里有哪些有趣的风俗趣事呢？下面让我们来了解一下荷兰的风土人情，感受当地独特的魅力吧！

荷兰舞蹈节

荷兰舞蹈节并没有悠久的历史，但是近年来它在规模、品质上已接近世界一流水平。

荷兰女王节

街道上飘扬着代表皇室的橙色旗帜，人们穿着一身别致的橙色服装，一起进行庆祝活动。

🇳🇱 荷兰圣诞老人

荷兰有两个圣诞节，也就存在两位圣诞老人。一位是我们所熟悉的又白又胖的圣诞老爷爷；另一位则是戴着主教发冠，披着红斗篷，身边还有两位随从——黑皮特。

🇳🇱 出行方式

荷兰是一个自行车王国。在这里，骑自行车被人们看作是一种普遍的休闲运动。

4月30日这天，人们穿着一身橙色服装，欢欣鼓舞庆祝的是哪个节日呢？

★ 夏之灯节

★ 荷兰女王节

★ 马斯垂克嘉年华

★ 桑斯安斯风车节

🇳🇱 做客礼节

一束美丽的鲜花或一盒美味的巧克力，这些都是你去荷兰人家里做客时带给主人的最好礼物。

🇳🇱 问候方式

荷兰人朋友之间见面时有一种特殊的打招呼方式，不分男女，他们会相互在对方的脸颊上吻三次。

Running Around the World
绕着地球跑一圈 欧洲之旅

荷兰四宝

木鞋是荷兰的标志，它与奶酪、风车、郁金香一起并称为"荷兰四宝"。现在就让我们去见识一下"荷兰四宝"的魅力之处吧！

奶酪

荷兰是真正的奶酪王国，每年出口奶酪 40 多万吨，高居世界第一名，它的历史可追溯到公元 400 年。

红皮奶酪

🇳🇱 郁金香

在阳光的照射下，郁金香芬芳吐蕊，美得令人陶醉。

🇳🇱 风车

远远看见风车，好像走进童话世界一般。象征荷兰民族文化的风车一直在荷兰的各个角落运转。

荷兰木鞋是用什么原材料制作的呢？

● 枫树　　● 松树　　● 桦树　　● 白杨

🇳🇱 木鞋

白杨木制成的木鞋是荷兰的"国粹"，现在的木鞋在荷兰，人们已很少穿着，却成为了每个旅游者必买的纪念品。

Running Around the World
绕着地球跑一圈 欧洲之旅

热门城市

　　荷兰的每座城市都有一段历史和故事，都有它不同的韵味。这里气候宜人，给人一种淡淡的田园气息，是宜居的好去处。我们不妨来细细品味各大城市带给我们的独特韵味吧！

马斯特里赫特

　　马斯特里赫特的艾夫林主题公园有一个神秘的森林，如果来到这里玩，会让童话世界转眼成真。

🇳🇱 海牙

海牙位于荷兰的西海岸，闻名遐迩的马德罗丹小人国是了解荷兰独特建筑的绝佳去处。

🇳🇱 鹿特丹

鹿特丹是欧洲最大的海港，市里的 Blaak Markt 虽是一个超市，但它的外观俨然就像是一件艺术品。

🥿 小朋友，你知道欧洲最大的海港是哪里吗？

- ⭐ 阿姆斯特朗
- ⭐ 马斯特里赫特
- ⭐ 海牙
- ⭐ 鹿特丹

🇳🇱 阿姆斯特丹

阿姆斯特丹北方有一座秀美的古老村庄，伫立的风车和干净的民舍构成了一幅宁静恬淡的乡村风景，那就是桑斯安斯风车村。

小知识

阿姆斯特丹是个水城，四周运河环绕，所以乘坐小船游览阿姆斯特丹是最好的选择啦！

游戏问题参考答案

● 请把比利时的国花圈出来吧!
答案:虞美人

● 上面哪幅画是凡·高的作品?
答案:《星月夜》

● 请把描绘比利时的特色节日找出来吧!
答案:沙雕节

● 上面哪座建筑不属于荷兰建筑?
答案:原子塔

● 上面哪位卡通人物的作者是埃尔热?
答案:丁丁

● "布鲁塞尔第一公民"叫什么名字?
答案:于廉

● 上面哪幅图是荷兰的国菜?
答案:大烩菜

● 哪个国家被称为"低地之国"?
答案:荷兰

● 谁是著名的画家?
答案:伦勃朗

● 萨克斯管是谁发明的呢?
答案:阿道夫·萨克斯

● 请圈出不属于荷兰四宝的物品吧?
答案:钻石